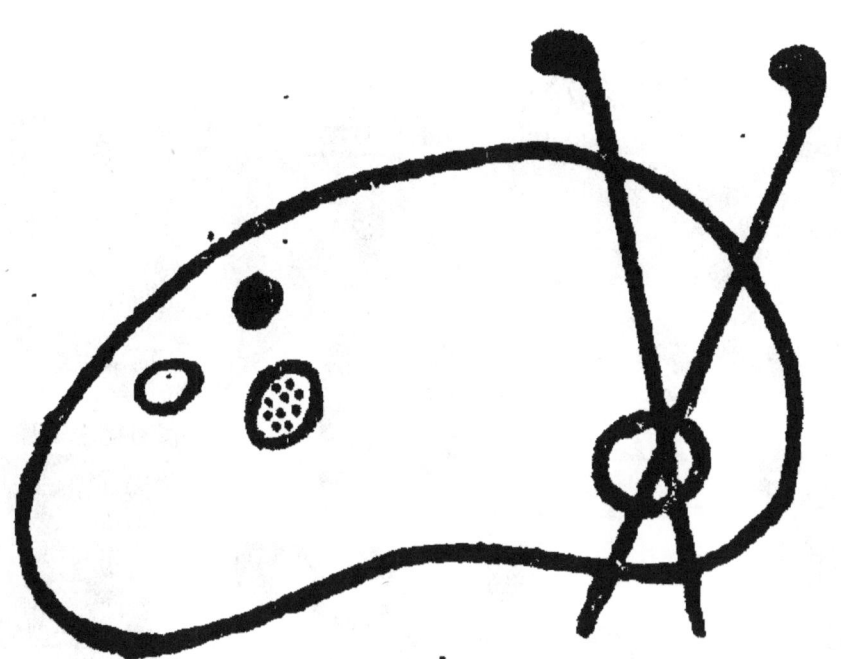

Couvertures supérieure et inférieure en couleur

Lib 39 9671.

EXTRAIT DU TRIBUT
DE LA
SOCIÉTÉ NATIONALE
DES NEUF SOEURS.
14 Mars 1791.

OBSERVATIONS
A MM. LES AUTEURS
DE LA
CHRONIQUE DE PARIS,
SUR L'ÉTAT ACTUEL
DE LA SAVOYE,
relativement à la révolution de France.

A PARIS,
Chez ONFROY, Libraire de la Société Nationale des neuf Soeurs, rue Saint-Victor.

OBSERVATIONS
A MM. LES AUTEURS
DE LA CHRONIQUE DE PARIS,

Sur l'état actuel de la Savoye, relativement à la révolution de la France.

Je viens de lire la phrase suivante, Messieurs, dans le N°. XVII de la Chronique de Paris. *On assure qu'il va se former à Chamberry un parlement qui cassera tout ce qu'a fait l'assemblée nationale.* Cette phrase m'a rappellé que j'avois traversé la Savoye, il n'y a pas bien long-tems, (à la fin du mois de mai dernier,) que je m'y étois même arrêté pour connoître la manière de penser de ses habitans, relativement à la révolution de France, et j'ose vous assurer moi, que vous avez été induits en erreur par vos correspondans et qu'il n'y a pas la moindre vérité ni même la moindre vraisemblance dans cette nouvelle de l'érection d'un parlement qui doit casser tout ce qu'a fait l'assemblée nationale. Il se peut très-bien que quelques nobles et quelques prêtres de Savoye soient indignés de tout ce qui se passe en France, et qu'ils couvent dans leur ame le dessein de renverser l'édifice de nos loix naissantes : mais le peuple ne pense pas de même ; mais le peuple voudroit être au contraire soumis à ces mêmes loix : il les respecte, il les adore, il ne cesse de les admirer; et tout son regret est de ne pouvoir en faire de semblables. Je vais entrer la-dessus dans quelques détails, beaucoup moins pour vous détromper que pour initier nos législateurs dans le secret de leurs conquêtes, et pour vous instruire vous-même des progrès qu'a fait sur l'esprit de nos voisins notre immortelle révolution.

J'étois à Chamberry au commencement de décembre de l'année 1789 ; et pourquoi, me direz-vous peut-être, étois-je alors à Chamberry ? Une dame de mes amies desiroit de voir l'Italie depuis long-tems, elle avoit choisi ce moment pour en faire le voyage : je l'accompagnois dans le séjour des arts qui le fut autrefois de la liberté, et ce n'étoit pas sans le plus vif regret que j'avois quitté ma patrie. Arrivé à Chamberry, j'apprends qu'une ci-devant princesse † et qu'un ci-devant prélat †† et plusieurs autres Français, ennemis de la révolution, sont dans cette ville. Je demande comment on les y a reçus ? La princesse, me dit on, donnoit à souper, presque tous les

† la ci-devant princesse de [Conti]
†† le ci-devant archevêque de paris

soirs, aux Français réfugiés, et tenoit avec eux des conciliabules aristocratiques. Le peuple l'a su; il en a été indigné : il s'est attroupé autour de la maison : il alloit en enfoncer les portes, lorsque ces messieurs ont sagement résolu de se séparer, la princesse, depuis cet évènement, est condamnée à souper seule. Quant au ci-dévant prélat, quoiqu'il dépense beaucoup d'argent, et qu'il soit en grande considération auprès de notre noblesse Savoyarde, jamais il ne va dans la rue, soit à pied, soit en carosse, sans être hué par les petits garçons. Voilà, messieurs, comment les réfugiés Français ont d'abord été accueillis dans la capitale de la Savoye. Ces faits m'ont été attestés par des témoins oculaires. Je ne restai qu'un jour et demi dans cette ville, et lorsque j'y repassai à mon retour d'Italie, c'étoit bien autre chose. C'est le 29 de mai, de l'année dernière, que je descendois le mont Cenis, avec l'impatience d'un homme qui brûle de voir une terre où la liberté vient de naître. Arrivé près de Montmélian, petite ville de Savoye, j'apprends qu'il y a eu, quelques jours avant, une révolte, que plusieurs paysans ont été tués ou blessés par un détachement des troupes du roi, et que ce détachement a été désarmé et mis en fuite. Je veux savoir les causes et les détails de cet évènement, voici, à peu-près, comment on me les raconta.

Deux ou trois familles Françaises s'étant réfugiées aux environs de Montmélian, le peuple les voit avec ombrage, uniquement parce qu'elles sont réfugiées. Ce crime assez grand pour lui, ne le seroit point assez aux yeux du gouvernement. Il suppose qu'elles renchérissent les denrées aux environs, et demande à M. de Markley, commandant de Montmélian, qu'elles soient éloignées. M. de Markley auroit dû peut-être ne pas trouver cette demande injuste, quoique le prétexte en fût imaginaire. Le tems est venu où la volonté d'un peuple doit être non-seulement respectée, mais exécutée. Il a si longtems obéi, qu'on peut bien lui permettre de commander de tems en tems. M. de Markley cependant ne tient aucun compte de la demande du peuple; et n'étant pas assez fort pour lui résister, il envoie chercher en secret une compagnie de dragons pour lui prouver qu'il a tort. Le peuple est instruit de cette hostilité perfide : il sonne le tocsin aussi-tôt, et des environs de Montmélian, tous les paysans accourent, s'ameutent et s'attroupent à Montmélian même : ils s'arment de pierres, de bâtons d'instrumens de cuisine et de labourage, et attendant de pied ferme la troupe guerrière: ils essuyent son premier feu. A cet acte de courage en succède un autre qui n'est pas moins digne d'admiration. Les paysans étoient déjà les plus forts par le nombre ; devenus encore plus forts, par cette première décharge qui affaiblissoit leurs ennemis, ils auroient pu mettre en pièces les dragons, et les laisser tous morts sur la place. Eh bien, les paysans Savoyards se contentent de les désarmer, de les démonter, et de les renvoyer non couverts de blessures, mais de honte. Les familles réfugiées à Montmélian sont obligées de chercher un refuge aillieurs. Le commandant lui-même fuit, n'étant pas sûr d'y en conserver un, et le peuple victorieux qui eût pu les atteindre facilement, ne daigne pas même les poursuivre de peur de gâter sa victoire, il les laisse librement errer dans ces montagnes et ces vallées dont il connoît tous les détours. Le roi mande les habitans de Montmélian, et leur fait ordonner de venir rendre compte de leur conduite. Des députés de Montmélian vont à Turin en diligence, et le roi déjà instruit leur pardonne sans attendre même qu'ils s'excusent. Il pousse plus loin la générosité, j'aurois dû dire la justice. Le peuple de Savoye se plaignoit depuis long-tems que le sel étoit trop cher : le roi ne l'ignoroit pas : il prévient les vœux de son peuple, et le sel qui autrefois en Savoye coûtoit quatre sols, n'en coûte plus que deux.

Les gazettes et les journaux ont rapporté ces faits de différentes manières. Les voilà tels qu'ils se sont passés réellement : ce sont des habitans du lieu qui me les ont racontés : ils m'en ont appris un autre qui n'est pas moins curieux, et qui vous prouvera que la nation Savoyarde, bien loin de désaprouver la nation Française, sait comme elle, quand il le faut, avoir une volonté forte, et n'est point du tout disposée à se laisser opprimer.

Il n'y a pas long-tems que le roi pressé par le besoin d'argent, et voulant mettre un nouvel impôt qui consistoit à demander douze livres par tête à chaque chef de famille, publia à ce sujet, un bel édit précédé d'un magnifique préambule. Le préambule fut admiré. Les sujets cependant ne se pressèrent pas de payer l'impôt malgré les ordres exprès de Sa Majesté Sarde, et Sa Majesté ne tarda pas à trouver sous sa serviette, au moment où elle alloit souper, une lettre dont on n'a jamais su le contenu ; mais on se doute que cette lettre renfermoit autre chose que des complimens ; car Sa Majesté ne fit que rêver pendant toute la durée du repas : elle alla se coucher sans souper, et se hâta le lendemain, de retirer son impôt. J'ai su, depuis, que cette lettre avoit été composée par les principaux habitans d'un village de Savoie, et signée par eux tous : il falloit bien qu'elle fût éloquente et ferme, puisqu'elle obligea un roi de changer de volonté.

Vous savez, Messieurs, que Jean-Jacques Rousseau a habité quelque tems la Savoie, et ne craignez pas que les Savoyards l'oublient, si jamais nous cessions de nous en souvenir. A peine avois-je mis le pied dans cette terre, que ses pas ont, pour ainsi dire, consacrée, un bourgeois de Chamberry me parla avec vénération de la maison de Mad. de Warens, qui n'est pas éloignée, et me proposa d'y aller en pèlerinage. Vous sentez quel plaisir j'eus à m'y laisser conduire. C'est notre Saint Jacques de Compostelle, me dit-il en chemin ; c'est notre temple de la Mecque, et il n'est pas un de nous qui ne préfère la profession de foi du vicaire Savoyard à l'alcoran de Mahomet. Nous payons, ajouta-t-il, une taille assez forte en Savoie ; mais nous la payons avec plaisir, en songeant que Jean-Jacques Rousseau a travaillé (1) quelque tems au cadastre de cette imposition et... Il alloit poursuivre, lorsque nous apperçûmes de loin, la maison de Mad. de Warens. La voilà, continua-t-il, en la montrant du doigt : un de mes compatriotes l'a achetée depuis la mort des propriétaires, et je suis bien fâché de n'avoir été averti que

―――

Plusieurs personnes m'ont attesté ce fait, et l'on n'en sauroit douter après avoir lu les Confessions.

trop tard de cette vente, je l'aurois achetée moi-même ; et j'y aurois fait élever la statue de l'auteur d'Emile et du Contrat Social.

J'ai vu un petit buste de J. J. Rousseau, sur la cheminée du cabinet du roi de Sardaigne, et Sa Majesté ne doit pas être très-affligée que l'on ait conservé en Savoie autant de respect que d'amour pour la mémoire de ce grand homme, et que l'un de ses sujets ait eu le desir de lui élever une statue. Le génie ne perd jamais ses droits sur les monarques ni sur les peuples : mais le fait suivant est plus qu'affligeant pour le roi de Sardaigne, et je ne pense pas que jamais il s'en console ; j'en ai été témoin oculaire, je vais le raconter tel que je l'ai vu.

Je suis arrivé à Lyon, peu de jours après la première fédération des gardes nationales qui a eu lieu dans cette ville (1), et dans laquelle se trouvoient rassemblés environ trente mille hommes de troupes bourgeoises et citoyennes. Eh bien, Messieurs, le croirez-vous ? En traversant le Dauphiné, pour me rendre à Lyon, j'ai rencontré à Bourgoin, à la Tour-du-Pin, à la Verpiliere, plusieurs

---

(1) *C'étoit à la fin de mai de l'année dernière, dans une promenade appellée les Brotteaux.*

habitans de la Savoye qui avoient arboré la cocarde nationale, qui avoient endossé l'uniforme de notre garde nationale, et qui venoient, quoique Savoyards, de jurer d'être fidèles à la nation, à la loi, au roi, et de maintenir de tout leur pouvoir la nouvelle constitution Française. Des sujets du roi de Sardaigne qui jurent de maintenir la constitution Française! Quelle leçon pour le roi de Sardaigne! Quel avertissement pour tous les rois!

Surpris de cette espèce de parjure envers le roi de Sardaigne, je demandai à quelques-uns de ces Savoyards s'ils ne craignoient pas d'être dénoncés au roi, et même d'en être punis. Nous quitterons, me répondirent-ils, la cocarde nationale, et l'habit national Français, en rentrant dans les états de notre roi; mais s'il s'avisoit de nous punir, nous prendrions l'un et l'autre dans ses états mêmes, et nous imiterions en tout les braves Français. Il n'y a guères à Chamberry que trois ou quatre cents hommes de garnison, et il ne nous seroit pas difficile d'en faire ce que vous avez fait des gardes Françaises; c'est-à-dire, de les mettre dans notre parti. Nous connoissons aussi bien que vous même l'histoire de votre révolution; elle est tracée dans la plupart de vos journaux et gazettes auxquels nous sommes abonnés ; et jugez combien il nous seroit aisé de suivre la marche que vous avez suivie.

J'avois lu en effet quelques-uns de nos papiers publics à Chamberry, et même votre agréable Chronique, quoiqu'on m'ait assuré alors qu'elle y étoit sévèrement défendue. Jugez donc, Messieurs, d'après tous ces détails, si le peuple de Savoie laisseroit établir à Chamberry, un tribunal opposé à l'assemblée nationale. Il y a bien à Chamberry un sénat qui s'assemble dans le couvent des Jacobins, et ce sénat est tout aristocratique : mais ne craignez pas que ce sénat s'avise de casser les décrets du nôtre, quoiqu'il en ait bonne envie ; je prévois, au contraire, que tôt-ou-tard, les Jacobins de Chamberry s'affilieront avec ceux de notre capitale, et tôt-ou-tard, peut-être, ne formerons-nous qu'un peuple avec les bons Savoyards.

Pourquoi, me direz-vous peut-être, la chose n'est-elle pas encore faite? et puisque les Savoyards nous aiment tant, pourquoi n'ont-ils pas déjà imité les Corses et les Avignonnois? En voici la raison en peu de mots : le roi de Sardaigne est bon ; il est juste surtout, et il gouverne ses sujets plus en père qu'en roi : il y a bien quelques abus à la cour de Turin ; mais en général il y règne des mœurs, de la simplicité et de l'économie. Le roi ne parle à personne lorsqu'il est en public ou en grande représentation : mais en particulier il parle à tout le monde, et il n'y a pas un de ses sujets, riche ou pauvre, noble ou roturier, qui n'obtienne de lui une audience de deux ou trois heures, lorsqu'il la demande : étiquette admirable et absolument contraire à l'étiquette de la feue cour de France, où le roi parloit à tout le monde en public, et ne parloit à personne en particulier. Il y a une autre étiquette à la cour de Sardaigne que je n'oublierai jamais, et qui plus d'une fois a mis le roi à portée de prouver à son peuple combien il l'aimoit. Lorsque le roi de Sardaigne mange en public, ses sujets, quels qu'ils soient, ont le droit de le voir manger, ils sont obligés de se retirer et se retirent ordinairement dès qu'il demande à boire. Eh bien, le roi, s'appercevant quelquefois qu'il est vu avec plaisir de ses sujets, et les voyant lui-même avec beaucoup de satisfaction, le roi, dis-je, s'abstient souvent de boire jusqu'au dessert, afin de se laisser voir plus long-tems, et l'on est persuadé qu'il aimeroit mieux mourir de soif que de ne pas rassasier ses sujets de sa chère présence. Le roi enfin va souvent à pied dans les rues de Thurin, sans garde, sans cortège et se mêlant avec son peuple, il a l'air de lui dire : aimez-moi comme votre père; aimez-moi comme votre égal.

De pareilles vertus sont bien faites pour retenir un peuple dans l'obéissance, et ne doutez pas que, sans elles, le peuple de Savoye ne nous eut déjà imités. J'avois, ainsi que vous, conçu quelques alarmes avant d'avoir été en Savoye ; je n'en ai plus depuis que j'ai parcouru ses principales villes, depuis que j'ai gravi ses montagnes escarpées, et vous n'en aurez plus vous-même, si vous voulez bien écouter le discours que m'a tenu, aux environs de Montmélian, un vicaire de campagne, qui n'étoit pas le vicaire Savoyard de l'Emile, et qui ne s'exprimoit pas aussi bien; mais qui m'a paru voir assez bien les choses, et qui n'auroit sûrement pas manqué de faire le serment sur la constitution civile du clergé, s'il avoit desservi quelque paroisse de France.

« Les Savoyards, me dit ce bon vicaire, ont depuis long-tems des relations de tout genre avec les Français : c'est avec eux sur-tout qu'ils font un peu de commerce, et c'est de la France qu'ils tirent le peu d'argent qui circule dans leurs montagnes. Tous les ans, ajouta-t-il, il sort de ces montagnes environ quarante mille Savoyards : trente mille restent en France, et les dix mille autres se dispersent dans le reste de l'Europe. Ces trente mille ne dédaignent point les emplois les plus bas : leur probité les ennoblit ; et après une année ou deux de travaux dans la capitale de la France, ils reviennent en Savoye avec deux ou trois louis de gain tout au plus : ils vivent tout un hiver avec ces deux ou trois louis ; quelquefois ils les emploient à acheter un petit terrein ; et tout en le cultivant, ils bénissent la France et les Français de qui ils les tiennent. Vous ne sauriez croire, Monsieur, combien ces bénédictions se sont accrues depuis que l'assemblée nationale travaille constamment à la régénération du plus bel empire de l'univers. L'amour des Savoyards pour les Français a doublé depuis ce moment. Depuis ce moment ils voyent leurs nobles avec mépris, et leur refusent une foule de tributs que, jusqu'alors, ils avoient payé avec une exactitude extrême. De-là est venue sans doute la demande, qu'ils ont faite à M. de Markley, de renvoyer les nobles Français, réfugiés autour de Montmélian. Le peuple Savoyard les a regardés comme les anti-patriotes de la France, et il ne peut souffrir des anti-patriotes nulle part. Depuis que les trois ordres ont été confondus en France, déjà, dans sa pensée, le peuple Savoyard ne reconnoît plus la distinction des trois ordres ; et depuis qu'en réalité le peuple Français a des représentans, le peuple de Savoye brûle aussi d'avoir des représentans qui ne soyent point imaginaires. La haine que les Savoyards ont toujours eue pour les Piémontois, est principalement ce qui augmente leur amour pour la France. Il s'élève entre les Piémontois et les Savoyards des barrières bien plus insurmontables que celles des Alpes. Le Piémontois est en général hautain et sombre : le Savoyard est franc et affable : le Piémontois attache un prix infini à la noblesse. Les rues de Turin sont remplies de gens qui portent l'épée, et l'orgueil s'y promène partout en uniforme. Le Savoyard estime peu la noblesse, il fait grand cas de la vertu. Le Piémontois est guerrier et guerroyeur même, il se bat aussi souvent pour venger sa propre querelle que pour défendre celle du monarque, et il aime la royauté plus que le roi : le Savoyard aime beaucoup plus le roi que la royauté, et manie la charrue beaucoup mieux que l'épée. Le caractère général du Savoyard est la probité, la simplicité et, depuis quelque tems, une sorte de fierté, née sur-tout de la connoissance des droits de l'homme ,, et de cette voix intérieure et secrète qui crie à chaque peuple mal gouverné : tu n'es pas fait pour être esclave. Le roi, enfin, et toute la cour de Savoye, craignent que la Savoye ne se détache tôt ou tard de l'empire de Sardaigne, et que les Savoyards ne se donnent à

la

à la France, autant par amour pour les Français que par haine pour les Piémontais. Soyez assuré, « poursuivit le bon vicaire, en baissant la voix, que déjà la Savoye se seroit rendue indépendante, ou du moins auroit voulu changer de souverain, si au lieu d'avoir un bon roi pour maître, la Savoye étoit gouvernée par un tyran. Les vertus du roi sont le seul lien qui attache encore le Savoyard au trône de Sardaigne, et après tout, » continua-t-il avec vivacité, « pourquoi seroit-on surpris d'un pareil évènement? Et pourquoi le trouveroit-on extraordinaire? Le Piémont et la Savoye sont séparés par les Alpes éternelles, et la nature peut-elle avoir voulu que la Savoye et le Piémont appartinssent à un même souverain? Non, non; l'ambition des princes ne sauroit réunir ce qu'à divisé la nature. La nature a voulu que le Piémont fît partie de l'Italie, et les Alpes ont repoussé et repoussent sans cesse la Savoye dans les domaines de la France. Les Savoyards, d'ailleurs, ont les mêmes mœurs, les mêmes usages, le même langage que les Français et l'habitude, et mille conformités, et mille rapports indestructibles s'unissent à la nature pour que les Français ne fassent qu'un avec les Savoyards, et pour que ces deux nations soient soumises aux mêmes loix et au même monarque. Considérez enfin combien est

M

cruelle, depuis la révolution Française, la situation des Savoyards. Ils adorent les Français, je viens de le prouver sur l'heure, et par les loix de leur gouvernement monarchique, ils sont obligés de haïr ces mêmes Français, parce qu'ils viennent de secouer, non le joug de la monarchie, mais celui des ministres des monarques, et de mille petits despotes qui s'étoient emparés de son autorité et qui gouvernoient en son nom. Ils abhorrent les Piémontois, et le gouvernement leur dit : regardez les Piémontois comme vos compatriotes, et aimez-les comme vos frères. Leur malheur va plus loin encore : ils sont forcés d'avoir des relations d'intérêts et des liaisons de tout genre avec les Piémontois, qui ne cessent de leur reprocher leur amour pour la France, de commercer avec la France qui se plaint souvent à eux de leur liaisons avec les Piémontois, et, pour comble d'infortune, ils ne peuvent point se passer de ces mêmes Français, qu'ils aiment et qu'on leur ordonne de haïr. Croyez-vous qu'un état aussi violent puisse long-tems durer ? Non, Messieurs, non ; la nature, l'opinion, la raison et la nécessité semblent s'être unies, pour rendre la Savoye Française. Je ne serois pas fâché, entre nous, que cet évènement ne tardât point à se réaliser, et de porter à mon chapeau rabattu une belle cocarde nationale. Je suis vicaire à 500 l. peut-être, je le deviendrois à 700 ; mais qu'importe ? Ce n'est pas un vil intérêt qui m'anime ; jeune ou vieux, pauvre ou riche, il est aujourd'hui si beau d'être Français et de pouvoir se dire au fond du cœur ces mots si étranges en Savoye, et sur-tout en Italie : je suis libre, et je fais partie d'un peuple libre ! Le bon vicaire s'éloigna en disant ces mots, et me laissa plongé dans des réflexions profondes.

Les Savoyards, me dis-je à moi-même, envient le sort des Français qui ne payent plus de droits seigneuriaux, et voudroient, comme cette nation, avoir une assemblée nationale. Ils sont d'ailleurs attachés aux Français par les nœuds de l'amitié, de la reconnoissance, et la nature les sépare autant du Piémont qu'elle les rapproche des Français. Croyez-vous, Messieurs, qu'il faille conclure de tous ces faits qu'il va s'établir à Chamberry un sénat qui cassera tout ce qu'a fait l'assemblée nationale ? Ah ! quelle seroit votre erreur ! et que vous jugeriez mal d'une nation qui mérite véritablement votre estime ! Il se peut que nous ayons à craindre quelque chose du côté de l'Alsace, et que les ennemis du bien public, réfugiés en Allemagne, séduisent peu-à-peu quelques

M 2

esprits dans cette province : mais, si nous avons jamais le malheur d'être trahis par nos compatriotes, soyez sûrs que nous serions défendus par les Savoyards ; et si des armées Piémontoises s'avisoient de descendre les Alpes pour venir nous attaquer, ne doutez point qu'elle ne fussent mises en pièces par les Savoyards même, déjà tous Français dans le cœur, et que ces mêmes Savoyards qui nous sont étrangers, ne donnassent aux provinces rebelles l'exemple de la soumission et du patriotisme. Quels résultats, en un mot, nous reste-t-il à tirer de l'état actuel de la Savoye, relativement à la révolution Française ? Vous paroissez craindre, Messieurs, que cette nation ne favorise les projets de nos ennemis, et voici, quant à moi, quelles sont mes dernières conclusions.

Le roi de Sardaigne, tout vertueux qu'il est, peut se laisser égarer par de mauvais conseils : il peut opprimer la Savoye par une suite de ces conseils perfides, et alors la Savoye se donnera à la France. Le roi de Sardaine peut, après sa mort, avoir un successeur qui ne lui ressemble pas, et alors la Savoye se donnera à la France. La France, à la vérité n'acceptera point cette offre, parce qu'elle a sagement décrété qu'elle ne vouloit ni accepter ni faire des conquêtes ; et savez-vous quelle sera la suite de son refus ? La Savoye imitera la ville de Cony, qui s'érigea en république après la mort du duc d'Anjou : la Savoye s'érigera en république, et s'unissant peut-être à la Suisse, qu'après nous elle aime mieux que tous ses voisins, elle en formera le quatorzième canton. Oui, Messieurs, voilà ce que j'ose vous prédire : oui, bien loin que la Savoye souffre jamais qu'il s'élève à Chamberry le tribunal que vous redoutez, j'ose vous prédire que la Savoye ne tardera pas à imiter les Avignonnois qui se sont donnés à la France, et malgré le refus auquel elle doit s'attendre, le bonnet rougeâtre qui couvre les têtes esclaves des braves Montagnards des Echelles et de la Maurienne, deviendra celui de la liberté, et la liberté plantera tôt ou tard son enseigne patriotique sur les rochers escarpés des Alpes, et, par le reflet de sa couleur pénétrante, ira effrayer jusques dans le fond de l'Italie tous les tyrans Ultramontains.

Vous serez peut-être étonnés, Messieurs, que deux ou trois lignes de votre Chronique ayent donné lieu à une aussi longue lettre : mais j'ai eu plus d'une raison pour vous l'écrire, et il me sera facile de me justifier. Une nation qui nous aime m'a paru inculpée gravement dans ces deux lignes, et j'ai cru devoir prendre sa défense. Il me semble d'ailleurs que l'on conçoit quelques alarmes sur les projets des princes et des seigneurs réfugiés à Turin, et j'ai voulu rassurer à cet égard les bons patriotes. Ne craignez pas que le roi de Sardaigne épouse jamais la haine qui les anime contre la France : il ne le peut pas, et je doute qu'il le voulût : il connoît trop bien les dispositions de la Savoye : il ne veut pas perdre ce duché, et ce duché lui échapperoit infailliblement, s'il osoit attaquer la France, et puis, dans la supposition que les Savoyards prissent les armes contre nous, n'avons-nous pas le Dauphiné, où a quelques prêtres et a quelques nobles près, règne le plus ardent patriotisme? Et croit-on que les habitans de cette province ne fussent pas en état de tenir tête à nos ennemis ou du moins d'arrêter leurs premiers efforts? Ah! Ce n'est pas du côté de la Savoye que nous avons à craindre, Messieurs, et plût à Dieu que je pusse en dire autant du côté de l'Allemagne!

MICHEL DE CUBIÈRES.

De Paris, le 20 Janvier 1791.

Le Tribut de la Société Nationale des Neuf Sœurs, ou Recueil de Mémoires sur les Sciences, Belles-Lettres et Arts, et d'autres pièces lues dans les séances de cette Société, composé de quatre feuilles et demie d'impression, paroît le 14 de chaque mois.

La souscription est de 12 liv. pour Paris, et 15 liv. 12 s. pour la province.

On souscrit chez ONFROY, libraire de la Société, rue Saint-Victor; et chez Née de la Rochelle, au bout du quai des Augustins, près du pont Saint-Michel.

De l'Imprimerie de la Société Nationale des Neuf Sœurs.
A l'Hôtel de Clermont-Tonnerre, quai des Miramiones.

[illegible] les nobles [illegible] que la [illegible] masse de cette province ne [illegible] pas [illegible] à nos ennemis [illegible] Ah ! [illegible] de la [illegible] que nous [illegible] plût à Dieu que je [illegible] de l'Allemagne.

Affaires du Comtat.

De Paris, le 20 Janvier 1791.

Le [illegible] de la [illegible] Avignon [illegible] ont [illegible] sur les [illegible] et d'un [illegible] composé de quatre [illegible] chargé [illegible]

[illegible] est [illegible] Paris [illegible] pour [illegible]

On [illegible] la [illegible] de [illegible]

De l'Im[illegible]

[illegible]

www.ingramcontent.com/pod-product-compliance
Lightning Source LLC
Chambersburg PA
CBHW070525050426
42451CB00013B/2861